Burghard Zacharias

Safaris im Minutentakt

Otto on Tour in Kenia und Tansania/Sansi-
bar

Minutengenaue Auflistung der Beobachtungen auf Safaris im Dez./2010 in Kenia durch die Nationalparks
Tsavo Ost, **Tsavo West** und den **Amboseli** Nationalpark sowie im Jan./2001 in Tansania durch den
Ngorongoro-Krater

Umschlaggestaltung und Einbringen von Bildern in den Text:
Dr. Burghard Zacharias

Herstellung und Verlag: BoD - Books on Demand, Norderstedt

ISBN 9783752646153

Inhaltsverzeichnis

Hinweis:

Im folgenden mit jeweiligem Datumsstand meiner Safaris enthaltene Preisangaben sind natürlich zum Zeitpunkt beim Lesen dieses Buches nicht mehr zutreffend und müssen bei aktueller Planung /Buchung einer Safari selbstverständlich neu bilanziert werden - u.a. mit dem Internet an seiner Seite wird man heutzutage diesbezüglich ja ganz schnell fündig.

Für alle, die preisgünstig buchen wollen, empfehle ich aus eigener Erfahrung heraus, sich vor Ort von dort ansässigen Safariunternehmen Angebote machen zu lassen und die Angebote zudem vor endgültiger Buchung hart zu verhandeln.

Gern bin ich bereit, bei Leseranfrage detailliert zu beraten; Kontaktmöglichkeiten siehe **www.burghard-zacharias.de**

Gülpe, 01.11.2020

3

Zur Orientierung

1. In **„Safaris im Minutentakt"** beschreibe ich in textlicher Form im Dez./2010 von mir unternommene Safaris durch die NPs[1] Tsavo Ost, Tsavo West und Amboseli sowie eine Safari im Jan./2001 durch den Ngorongoro Krater in minutengenauer[2] Auflistung der Geschehnisse. Den Text ergänzt ausgewählte Grafik[3]. „Safaris im Minutentakt" versteht sich als in Buchform gestalteter eigenständiger Anhang des Buches „Ostafrika – Sequenzen".

2. Der Band **„Ostafrika Sequenzen"** enthält ausführliche Schilderungen meiner Erlebnisse während meines Aufenthaltes im Nov./Dez. 2010 an der Küste nördlich von Mombasa, in den Usambara-Bergen und auf Sansibar sowie Vorschläge zum Verhalten eines Individualreisenden in nicht vorhergesehenen gefährlichen Ausnahmesituationen während einer Reise in Ostafrika.

3. **Bildmaterial** zu „Safaris im Minutentakt" liegt aus pragmatischen Gründen als Bestandteil der DVD „Ostafrika - Sequenzen" in Form von kommentierten Farbfotos und Filmsequenzen vor. Diese können einzeln

---

[1] NP = Abkürzung für Nationalpark
[2] Vergleichbar Gliederungspunkt „5.7 Ein Tag im Ngorongoro-Krater" im Buch „Vision Kilimanjaro", S. 119-128.
[3] In Form von Gliederungspunkt „Minutentakt (Beispiele grafisch)" am Ende des Buches.

betrachtet oder als selbstablaufende bzw. wahlweise nutzergesteuerte PowerPoint DE-MO aufgerufen werden.

Ich empfehle dem Leser von „Safaris im Minutentakt" bzw. des Buches „Ostafrika - Sequenzen" ausdrücklich, die DVD zwecks abrundender visueller Veranschaulichung der jeweiligen Texte parallel zum Lesen zu öffnen.

4. Die **DVD „Ostafrika - Sequenzen"** ist erhältlich bei Dr. Burghard Zacharias, zu Kontaktmöglichkeiten siehe die Webseite www.burghard-zacharias.de.

5. Meine **Abenteuer Anfang 2001** beim Durchqueren der Serengeti und des Arusha NPs, bei Aufstiegen auf den Mt. Kenia und den Kilimanjaro sowie während meines Aufenthaltes in Mombasa und seiner Umgebung sind detailliert nacherlebbar beim Lesen des Buches „Vision Kilimanjaro".

6. Siehe ergänzend auch:

www.youtube.de   Stichwort:
                        Burghard Zacharias,

www.burghard-zacharias.de   speziell die Seiten
Ostafrika, Videoauswahl und Buchtitel.

3.5.1. Tsavo Ost

1.12.2010

10:15   Einfahrt in den Nationalpark.

Wir sind zu Dritt, der Guide und zugleich Fahrer Jeff Murira, ein Kleinbus mit Schiebedach und ich.

Den gesamten Park umgibt ein starker Drahtzaun.

Jeff erklärt mir die Besonderheit der Toreinfahrt: „Im Boden liegen, in Fahrtrichtung nebeneinander, zwölf aus Metall gearbeitete Rollen von etwa 15 cm Durchmesser über die gesamte Breite der Durchfahrt. Die sehr empfindsamen Fußsohlen der Tiere signalisieren dem Gehirn der Dickhäuter den durch die Rollen beweglichen Boden beim Betreten als große Gefahr. Das verhindert, dass Elefanten das Tor durchschreiten."

Die riesigen starken Tiere schrecken sozusagen „vor der Maus" angstvoll zurück.

10:20   Erstes großes Tier, eine Giraffe, ca. 250 m vor uns. Noch weiter entfernt, kaum zu erkennen, ein einzelner Elefant.

10:25   Büffelherde, ca. 300 m rechts im Gelände.

10:35   Gruppe von Elefanten, links, ca. 400 m entfernt.

10:50   Eine Familie Warzenschweine.

11:00   Stopp, um einen Termitenhügel zu filmen.

Er ist gut 50 m entfernt, aber recht groß, so dass ich sicher bin, ein aussagefähiges Bild zu erhalten. Herangezoomt sehe ich überrascht, wie sich ein Vogel am „Berg" sein Futter pickt: „Solch ein Bild bekommt man nicht alle Tage vor die Linse - wäre nicht schlecht, ähnliche positive Überraschungen noch öfters zu haben."

Verstreut im Gelände markieren weitere unterschiedlich große Termitenhügel die Landschaft.

11:10   Neun Elefanten 200 m rechts vor uns.

11:30   Ein Waran unter einem Busch am Wegesrand.

Der Fahrer hat offenbar Adleraugen; ich hätte das Tier niemals entdeckt. Klasse, bekommt man nicht alle Tage zu sehen! Wir halten. Schade, Blätter verhindern, ihn gut zu filmen.

Der Waran bewegt sich. Häppchenweise werden mir die Umrisse des Warans wahr. Ich bin überrascht wie groß er ist, ja, ich staune!

11:45   Eine Lodge kommt auf der linken Seite des Weges in Sicht, davor ein ca. 150m x 80m großes Wasserloch.

„Hier kann man morgens und abends von der Lodge aus viele Tiere beobachten", sagt Jeff.

Als wir ankommen, läuft mir eine einsame Impala Antilope ins Bild. In aller Gemütsruhe entfernt sie sich vom Wasserloch. Kurz danach erscheinen zwei Wasserböcke in der Ferne – und das ist es um diese Tageszeit dann auch.

11:55   Wir überqueren einen Flusslauf, der nach Auskunft des Fahrers in den Monaten Dezember bis Februar kein Wasser führt; also heute für uns kein Hindernis. Es ruckelt und schuckelt ein wenig, und schon sind wir am anderen Ufer.

12:05 Eine Zebraherde ca. 100 m rechterhand. Ich zähle 16 Tiere, davon einige Fohlen.

12:16 Wieder eine größere Elefantenherde, 80 m links neben der Straße. Die Tiere sind mit emsigem Fressen beschäftigt und nehmen keine Notiz von uns. Ich habe Vergleichbares schon in der Kamera; wir rasen vorbei.

12:18 Weitere Elefanten – vier Mütter mit Jungtieren. Elefanten werden zur Gewohnheit. Wir stoppen nicht, sondern fahren auf der gut ausgebauten Schotterpiste mit großer Geschwindigkeit weiter.

12:25 Eine das Bild füllende stattliche Anzahl von Elefanten kommt rechterhand in Sicht. Ich zähle 24 Tiere; dann sehe ich, dass sich hinter Buschwerk noch viel mehr aufhalten. Alles zusammen dürfte das eine Herde von über 50 der riesigen Tiere sein.

Jetzt will ich es genau wissen. „Wie viele Elefanten hat Tsavo Ost insgesamt zu bieten", frage ich Jeff. Seine Antwort: „Jetzt wieder so an die 20.000. Im Jahre 1989 war der Bestand von ehemals rund 40.000 auf knapp 5.000 Elefanten geschrumpft."

12:50 Eine Giraffenfamilie überquert direkt vor uns die Straße. Das Nesthäkchen trödelt. Wir warten, bis es sich bequemt, den Eltern hinterherzuzockeln.

12:59 Unmittelbar vor Ausfahrt steht ein einzelner Kleiner Kudu[4] am Wegesrand.

---

[4] Der Name täuscht. Die Böcke dieser eleganten Antilopenart können eine Schulterhöhe von bis zu einem Meter und ein Gewicht von 100 Kilo erreichen. Im Vergleich zum Großen Kudu der es auf eine Schulterhöhe von 1,50 m und einem Gewicht von bis zu 250 Kilo schafft, ist das natürlich deutlich weniger.

Als wir uns nähern, verzieht er sich langsam, uns immer mit den Augen verfolgend, ins Gebüsch, bleibt aber nach ca. 3 Metern, hinter stachligem Strauchwerk geschützt, stehen. Seine Blicke verfolgen uns, bis wir außerhalb des Parks sind

13:00   *Wir verlassen den Park, fahren, zum Lunch und zur Mittagsruhe in die Impala Safari Lodge ein. Hier werde ich auch die nächste Nacht verbringen.*

16:25   Erneute Einfahrt in Tsavo Ost - das gleiche Tor, aber danach nehmen wir eine andere Route als am Vormittag. Gleich hinter dem Eingang seitwärts eine klitzekleine Dikdik[5] Antilope. Sie frisst, kehrt uns das Hinterteil zu und lässt sich nicht stören.

16:40   15 Minuten unterwegs und keine Tiere. Um wenigstens etwas auf den Film zu bekommen, lasse ich halten, und nehme einen kleinen Vogel auf, einen Malakai Kingfisher, sehr bunt, sehr schön, schön bunt.

Vögel hatte ich bisher weitgehend ignoriert. Es bleibt an dieser Stelle festzustellen, dass davon ständig irgendwelche im Blick sind - kleine, große, in der Luft, auf dem Boden, in den Büschen und auf den Bäumen, bunt und einfarbig, laut und leise, ...

16:45   Ein einzelner Elefant mit mächtigen Stoßzähnen, gleich neben der Piste, ca. 8 m entfernt vom Jeep, steht, schaut zu uns herüber, schnauft, wedelt mit den Ohren. Seinen Rüssel schlägt er unruhig hin und her.

---

[5] Sehr kleine Antilope, Schulterhöhe nicht über 38 cm und Gewicht max. 5. Kilo. Immer paarweise zusammen. Jungtier bleibt bei den Eltern, bis Nachwuchs geboren wird.

Er lässt nicht den Blick von mir, und ich schaue ihm standhaft in die Augen.

„Na, was wird denn das wohl werden?", fährt es mir durch den Kopf. Nach außen hin bleibe ich ganz cool, und auch Jeff macht keine Anstalten, das Auto durchzustarten.

16:49 Der Dickhäuter dreht sich um, schnaubt mächtig, stäubt mit einem Bein eine Wolke von Sand nach hinten - dann trottet er gemächlich von dannen.

Jeff erklärt: „Als die Elefanten vor etlichen Jahren stark von Wilderern verfolgt und getötet worden sind, geschah das natürlich dort, wo die Wilderer sich verstecken konnten, im dichten Busch, weniger an den Verkehrswegen.

Irgendwann müssen die Elefanten die Logik erkannt haben, denn sie begannen, das Dickicht zu meiden. Das hat sich offenbar über Generationen durchgesprochen, denn jetzt, wo die Wilddieberei weitgehend eingedämmt ist, leben die Elefanten immer noch nach dem gleichen Prinzip und laufen somit den Touristen sehr nah vor die Kamera – gut für die Touristen und sehr gut für den Geldbeutel der Parkverwaltung."

16:50 100 m vor uns eine kleine Gruppe von Elefantenmüttern mit „Kindern".

Von der schräg am Himmel stehenden Abendsonne angeleuchtet, wird die ausgesprochen rötlich schimmernde Haut der Elefanten besonders deutlich. „Der Reiseführer[6] hat recht", denke

---

[6] Unter Reiseführer sei hier und im Folgenden das von mir auf der Safari mitgeführte Buch **Trillo, R.: Kenya, Stefan Loose Verlag, Berlin 2003** verstanden.

11

ich, „das sind die berühmten roten Elefanten von Tsavo Ost!"

Die Kamera hat bei der Bildverarbeitung ihre eigene Auffassung von Farbe. Sie betont das Rot noch stärker, als es das Auge in freier Ansicht wahrnimmt.

17:00   Auf einer Anhöhe halten wir. Ich genieße von leicht erhöhter Warte aus den Einblick in die Weite afrikanischer Savanne. Tiere? - Fehlanzeige.

17:05   Rechts neben uns ein mit losem Gestein übersäter Hügel, niedriges braunes und grünes Buschwerk. Da, zwei Klippschiefer huschen zwischen den Felsen umher. Ehe ich sie mit der Kamera im Bild habe, sind sie verschwunden.

Am Fuße des Berges taucht ein Warzenschwein auf. Ich warte auf das Erscheinen einer Schweinegruppe - umsonst.

17:15   Erneut Elefanten, Sie wechseln über die Straße. Wir lassen ihnen „die Vorfahrt".

Auch jetzt wieder fällt ihre stark rote Haut deutlich auf.

17:22   Mein Fahrer bekommt über Funk die Nachricht, dass ganz in der Nähe ein Löwe zu sehen sein soll. Sofort nimmt er die Richtung auf. Angekommen. 19 Autos „drängeln" sich; irgendwann sind auch wir eingekeilt. Von einem Löwen ist weit und breit nichts zu sehen.

17:44   Endlich wieder frei; weiter geht's. Natürlich, was denn sonst, an einer Elefantenherde vorbei, ein Vogelschwarm, nochmals Elefanten.

18:07   Neun Thomson Gazellen, 100 m entfernt in der
        Savanne und nach 500 m Fahrtstrecke nochmals
        sieben Impalas. Ich bin von den spiralförmigen
        Hörnern dieser eleganten Tiere fasziniert.

18:20   Es dunkelt rapide. Wir beeilen uns Richtung Ga-
        te. Neben unserem Weg kommt eine große Her-
        de Impalas ins Bild. Plötzlich rasen sie los. Jeff
        erklärt: „Da ist wahrscheinlich ein Gepard auf
        Jagd." Zu sehen bekommen wir ihn nicht.

18:30   Ausfahrt aus Tsavo Ost.

        Wir übernachten in der Impala Safari Lodge.

2.12.2010

06:58   Einfahrt in den Park. Der Himmel ist verhangen.
        Es ist morgendlich frisch.

        Das empfinde ich hier in dieser Gegend als
        durchaus angenehm. Ich habe kein Problem, das
        Dach des Autos, wie bereits gestern, zwecks bes-
        serer Sicht wieder hochzuklappen.

        Es zieht ein bisschen, aber was soll's? Wenn ich
        gut sehen will, habe ich keine andere Wahl.

07:01   Gemächlich trottet ein Impala-Bock direkt vor
        uns über den Weg.

17:08   Noch ein Impala-Bock und ein Weibchen dazu
        stehen am Wegesrand. Wollen sie über die Stra-
        ße? Wir halten.

        Die beiden setzen sich in Bewegung, trauen dem
        Frieden aber wohl nicht so richtig, denn sie
        wechseln sicherheitshalber?? in aller Gemütsru-
        he zwei Meter hinter unserem Fahrzeug.

07:12 Ein Zebra. In der Ferne eine Giraffe. Ah, noch ein Zebra auf der anderen Straßenseite. Und dort noch zwei Zebramütter mit Fohlen, die ihnen nicht von der Seite weichen.

07:15 Zwei Zebramütter mit jeweils einem Fohlen überqueren den Weg.

Kaum zu erkennen wippt hinter Sträuchern ein Giraffenkopf auf und nieder. Manchmal taucht der ganze Hals auf, aber das ist es dann auch.

07:25 Ein Jeep kommt uns entgegen. Zwei Ranger sitzen darin und bedeuten uns anzuhalten.

Sie kontrollieren sehr gründlich die „Papiere", meines Fahrers, nehmen mich kurz in Augenschein und wollen wissen „Wohin" und „Woher". Alles ist o.k. Wir dürfen weiterfahren.

Der Himmel bleibt morgendlich verhangen; die Luft ist immer noch frisch – gut so. Angenehm, wenn der Fahrtwind leichte Kühlung bringt.

Unser Auto rollt und rollt, Tiere? No !!.

07:34 In 350 m Entfernung eine Gazelle. „Was für eine? Mhm, zu weit?!" Sie steht und beäugt uns. Offenbar gehört sie zu einem Rudel,

07:37 denn es kommen sieben weitere dieser Tiere in Sicht. Sie äsen und nehmen keine Notiz von uns.

Und immer wieder diverse Vögel, einzeln bzw. in Scharen, große und kleine.

07:44 Wir fahren in ein Campsite unter vereinzelt stehenden Bäumen ein. Viel Platz zum Zelten, aber Menschen und Zelte fehlen. Warum? Ich schaue fragend zu Jeff; der legt die Stirn in Falten und schweigt schulterzuckend.

08:00   Mangels großer Tiere bitte ich den Fahrer zu stoppen, als wir wieder einmal an einem Baum mit vielen Webervogelnestern vorbeistuckern. Ein einzelner Piepmatz hält Wache?!. „Besser als gar nichts", sage ich mir und halte die Kamera drauf.

08:09   Giraffen kommen uns auf dem Weg entgegen; zwei laufen nebeneinander, eine dritte versetzt dahinter.

Faszinierend, als die Hälse der zwei ersten Tiere mehrere Sekunden lang ein großes X bilden, und einmal schaut es aus, als gehe da ein Tier mit zwei Köpfen.

Bin jetzt gespannt, ob meine Kamera diese Szenen anschaulich festgehalten hat.

Erst kurz vor uns schlagen sich die „Gekreuzten" in die Büsche. Ihnen ist wohl klar geworden, dass wir die Strasse für sie nicht frei geben werden.

Irrealer Wunsch: Hätte sie gern gestreichelt.

08:16   Wir wenden. Der Himmel ist immer noch wolkenbedeckt. Es bleibt kühl.

08:32   Zum Abschluss filme ich leicht frustriert wegen des sich recht rar haltenden Großwildes nochmals Webervogelnester ohne Vögel und einen außerordentlich großen Termitenhaufen.

08:33   Die Parktore schließen sich hinter uns.

3.5.2. Tsavo West

11:20   Einfahrt in den Park.

11:30   Ein Fluss seitwärts links neben uns. Hohe Ufer-
böschung, gut drei Meter, mit Büschen bewachsen. Wir stoppen zwischen zwei Sträuchern, sehen unten eine Sandbank und halten vergeblich
Ausschau nach Flusspferden.

11:35   Dikdiks linker Hand im Busch, kaum auszumachen. Gegend ist dorniger als Tsavo Ost. Termitenhügel auch hier.

11:55   Auf der rechten Seite drei Zebras in 30 m Entfernung, Denke „Na ja, kennst Du schon" und neh-
me kaum noch Notiz von diesen Tieren.

12:09   Ein Dikdik huscht in 10 m Entfernung vor uns
über den Weg. Das dazugehörende zweite Tier
fehlt.

12:35   Lasse stoppen, filme die grandiose Landschaft.
sie ist „ein Gedicht".

Erfahre: „Tsavo" ist Bantusprache und bedeutet
Großer Wald. Allerdings, Wald ist das hier
nicht,   eher buschartiges dichtes Dickicht. Ja,
dicht ist es, für Menschen kaum zugänglich - da
kann man nicht meckern. Und schön grün ist alles, richtig augenpflegend grün.

Tiere sind nicht zu sehen.

13:06   Unmittelbar vor Einfahrt in die Rhino Valley
Lodge ein Baum, ca. 15 m hoch, Kronendurch-
messer gut 8 m, undurchsichtiges supergrünes
Blattwerk im Geäst.

Der ganze Baum hängt voller einzelner individueller Webervogelnester. Sie haben die Größe eines Handballs und schwingen an ihrer Aufhängung hin und her. Allein im sichtbaren Bereich zähle ich 174 Nester. „Ein Wahnsinnsbaum!", konstatiere ich salopp.

Ein emsiges Kommen und Gehen der Nestbewohner, verbunden mit Schwirren und Tschilpen erfüllt den Baum, die Umgebung und meine Ohren. Ich verstehe fast mein eigenes Wort nicht.[7]

13:10   *Wir parken in der Lodge[8].*

Mittagessen. Komme mit einem jungen Paar, beide etwa Mitte 20, ins Gespräch. Sie weisen mich auf interessante Plätze hier im Park hin; ich erzähle ihnen etwas über Tsavo Ost, denn dorthin wollen sie als nächstes.

Mittagsruhe.

16:15   *Schnell noch einen Kaffee und ab in den Park zu den Rhinos, jedenfalls ist das unsere Absicht.*

16:25   Zwei Dikdiks, viel Gefiedertes, auf und neben der Straße. Meine biologischen Kenntnisse reichen nicht, die Vielzahl der Vogelarten zu benennen. Irgendwie bedauere ich das.

Jetzt rächt sich, dass ich im Vorfeld der Reise mir nicht genug Zeit genommen habe, die Fauna

---

[7] Ein Muss, sich das auf der DVD „Ostafrika-Sequenzen" anzusehen/anzuhören!!

[8] Diese Lodge kann/will ich ausdrücklich dem Leser ans Herz legen, wegen ihrer Lage, der großzügigen rustikalen Ausstattung im Landesstil, des Einblicks in die Weite des Parks und der Beobachtungsmöglichkeiten von Tieren am Wasserloch. In Internetkommentaren wird sie zu 91% weiterempfohlen, und das will schon was heißen!

und Flora Ostafrikas in einschlägigen Büchern über oberflächliches Betrachten hinaus intensiver zu studieren.

16:50   Abermals zwei Dikdiks, kaum auszumachen unter den Büschen.

16.55   Einfahrt in den innerhalb des Nationalparks nochmals extra mit Drahtzaun umgebenen Rhino-Park.

17:20   Rechter Hand der Schatten eines Geparden, der, ehe ich ihn recht ausmachen kann, im Dickicht verschwindet.

17:29   Geschützt aus dem Busch heraus beäugt in 40 m Entfernung eine Antilope die Straße. Interessiert uns jetzt nicht: Jeff und ich schauen intensiv nach einem Nashorn aus – nichts dergleichen weit und breit.

17:44   Wir halten, als uns ein Jeep entgegenkommt. Die Fahrer tauschen Informationen aus. Vor wenigen Minuten soll ca. 800 m vor uns ein Nashorn den Weg überquert haben. Also nichts wie hin!

Zwölf andere Reiseführer haben ganz offensichtlich die gleiche Überlegung wie wir gehabt und stehen bereits mit ihren Autos dort. Die Touristen blicken gespannt mit Feldstechern in die Runde - kein Nashorn weder nah noch fern, nur Buschwerk um uns herum.

18:04   Das war's dann also, entscheiden wir und machen uns unverrichteter Dinge auf den Rückweg.

18:06   Nochmals sieben Impala Antilopen am Buschrand. Eine kommt an die Straße. „Will sie schauen, ob die Luft zum Überqueren der Straße für das Rudel frei ist?"

Jedenfalls steht sie genau am Straßenrand, schaut nach links, schaut nach rechts – und das mehrfach. Ihre Ohren zeigen konstant in unsere Richtung; nur leicht spielen sie hin und her.

Das Rudel hält sich derweil, von hohem Gras recht gut verdeckt, im Hintergrund weitgehend ortsfest auf.

Nach gut zwei Minuten dreht sich die „Späherin" um, geht an den nächsten grünen Busch und frisst. Mhm?

Wir fahren weiter.

18:20 *Wieder zurück in der Lodge.*

Ja, und das war es dann wohl. Die Pirsch auf ein Rhino hat sich als Flop gezeigt.

„Kann passieren", Jeff zuckt die Schultern und resümiert: „ist nicht ungewöhnlich". Ich begreife das - und empfinde zugleich Enttäuschung.

3.12.2010

06:00 *Wecken, 6:30 Uhr Frühstück, 7:20 Uhr Abfahrt.*

07:25 Wie bereits gestern treffen wir als erstes auf zwei Dikdiks. Sie sind im Gras kaum auszumachen, man muss schon sehr genau hinschauen.

Gleich daneben recken zwei Giraffen ihre Hälse in die Höhe.

Diese wiederum sind gut zu sehen. Uns nehmen die Tiere kaum zur Kenntnis - eine Giraffe dreht ihren Kopf kurz in unsere Richtung, um dann gemütlich weiter zu kauen.

07:30   Viele Wasserlöcher, Elefantenlosung und ein angenehm frischer Morgen; nebliger Dunst hängt über der Landschaft.

07:35   An einem der Tümpel steht ein Elefant, mit beiden Vorderbeinen im Morast. Sein Rüssel schwingt hin und her. Er ist ca. 150 m von uns entfernt. Im Wasser vor ihm planschen zwei Gänse.

        Auch mit dem Fernglas kann ich nicht ausmachen, womit sich der Elefant beschäftigt.

07:50   Zehn Zebras und acht Gazellen drängen sich in 30 m Entfernung auf kleinstem Raum zusammen – warum? Mehrere stehen Seite an Seite, wobei ein Tier nach „Nord" und das andere Tier entgegengesetzt nach „Süden" blickt.

        Sind etwa Löwen in der Nähe? –Genau so habe ich das Bild von meiner Safari vor 9 Jahren durch die Serengeti in Erinnerung, wo ich die Jagd von Löwen vom Heranschleichen der Raubtiere an bis kurz vor dem „Zugriff" aus sicherer Jeep-Warte beobachten konnte

        Heute bleibt meine Neugier unbefriedet.

07:55   Zwei Impalas rennen von der Seite her auf uns zu. „Wollen sie den Weg überqueren?" Jeff stoppt abrupt, um sie nicht zu überfahren. Ich knalle mit der Stirn an die Lukenumrandung im Auto. Die Antilopen entscheiden sich urplötzlich stehen zu bleiben und leckeres Grün von den Büschen abzuknabbern. Also weiter.

08:10   Ein im dichten Busch mit Fernglas als solcher zu erkennender Löwe schiebt sich ein Lager zurecht. Er legt sich und ist nicht mehr zu sehen.

08:55　*Halt an der Kilaguni Serena Safari Lodge, um zu tanken.*

Die Sonne schiebt sich hinter Wolken hervor. Es wird warm.

08:59　*Eine junge Schwarze in Tarnkleidung und mit umgehängter MPi, eine Kalaschnikow, steht plötzlich neben mir.*

Sie ist Biologie-Studentin, arbeitet hier im Praktikum als Rangerin und wird mich nun auf einem Lehrpfad, der als Rundkurs angelegt ist, führen.

Bevor wir starten, „sticht mich der Hafer"; ich weise auf die MPi, die meine Begleiterin trägt und erkläre, dass solch eine Waffe, meine „Braut des Soldaten" war, als ich in der Armee gedient hatte.

Dann schiebe ich die Frage nach, ob sie es mir zutraut, die MPi mit geschlossenen Augen in Bruchteilen von Sekunden auseinander nehmen und wieder zusammensetzen zu können[9].

Verblüfft, konsterniert schaut sie mich an, dann lächelt sie, drückt die Kalaschnikow an ihren Körper und erklärt, das sei ja nun das Letzte, was sie gestatten dürfe. Jedenfalls, von dem Moment an, verstehen wir uns prächtig.

Der Rundkurs hat urwaldartigen Charakter auf der linken Seite des Weges; rechts erstreckt sich ein breiter, flacher Wasserlauf, der sich teilweise zu größeren Tümpeln mit sehr klarem Wasser ausbeult.

---

[9] Das wäre für mich tatsächlich kein Problem gewesen. Schließlich war meine Kompanie, als die Kalaschnikow als topmoderne MPi „auf den Markt" kam, damit ausgerüstet worden. Die Handhabung der Waffe beim Reinigen steckt mir immer noch in Fleisch und Blut.

Ich erfahre, dass ein großer Teil des Trinkwassers für Mombasa hier abgezapft wird.

Direkt auf dem Weg vor uns und in den Bäumen tummeln sich Affen. Die Affen vor uns sind ausgesprochen dreist. Wir müssen sie mit Gestikulieren und lauter Stimme regelrecht vom Weg verscheuchen.

Vor uns ein kleiner See. Von einer Plattform aus, die zum Wasser hin mit einem Geländer abgeschottet ist, beobachten etwa zehn Menschen das Geschehen im feuchten Element.

Und die Flusspferde im Wasser beobachten die vorbeipilgernden Menschen. Gelegentlich tauchen die Kolosse ab, um bald danach an anderer Stelle die Nase aus dem Wasser zu stecken.

Wir erreichen einen Platz, wo Knochen ausgestellt sind. Das Skelett eines Flusspferdes beeindruckt mich sichtlich. Meine Begleiterin will mir alles haarklein erzählen. Ich winke ab: „Danke, danke. Wir müssen es nicht übertreiben."

„O.k.", sagt sie, „dann schau, dort ein Krokodil." Es liegt hervorragend getarnt unter herabhängenden Baumästen im Wasser und lauert auf Beute. Allein hätte ich es niemals entdeckt.

Kormorane sitzen am gegenüberliegenden Ufer auf Baumstämmen und dösen scheinbar vor sich hin.

Am Himmel schwebt ein Fischadler.

Nicht allzu weit entfernt, eine aus Holzstämmen gebaute, der Umgebung angepasst schilfgedeckte Hütte mit ca. 10 qm Grundfläche. Sie steht im Wasser.

Über einen Steg gehen wir hinein.

Das unter Wasser liegende „Kellergeschoss" der Hütte hat Glaswände. Wir können mit hervorragender Sicht diverse kleine und mittelgroße Fische sich draußen im Wasser tummeln sehen.

Der Hütte gegenüber rauscht ein niedriger Wasserfall.

09:50   *Wieder am Ausgangspunkt angekommen, ist Jeff äußerst ungehalten mit mir, weil wir auf dem Rundweg offenbar zu lange getrödelt hatten. Er erklärt mir hastig, dass die weitere Fahrt im Konvoi verlaufe und wir um 10:00 Uhr am Gate sein müssen, wo auch die anderen Fahrzeuge sich sammeln würden.*

Ich überreiche meiner attraktiven Begleiterin schnell noch meine Visitenkarte. Sie schreibt mir ihre E-Mail-Adresse auf einen flugs herbei gezauberten Zettel, dann ein Blick gegenseitig tief in die Augen „Na, ob wir uns denn nochmals treffen?" und Tschüs.

Schon sitze ich im Auto, wo Jeff den Gang bereits eingelegt hat und Gas gibt, bevor ich die Tür richtig zugemacht habe. Es haut mich in den Sitz. Dann rauscht die Gegend an uns vorbei.

Fast noch pünktlich erreichen wir um 10:01 Uhr den Treffpunkt, wo bereits weitere Autos mit den dazugehörenden Touristen abfahrbereit stehen.

Wo kommen die alle her?

Mein aktuell vor Ort aufgenommener Filmkommentar lautet: „Generell kann man sagen, dass es hier im Park recht menschenleer war und keiner dem anderen auf die Füße getreten ist."

10:09 *Der Konvoi von sieben Fahrzeugen setzt sich in Bewegung. Das Ziel ist der Amboseli National-park. Es staubt mörderisch.*

Jeff hat leider nur die Position als zweites Auto erwischt - der Rest muss nicht beschrieben wer-den, er erklärt sich von selbst.

10:20 Fototermin an Lavafeldern. Sie erstrecken sich fast bis zum Horizont. Der das verursachende Vulkanausbruch sei vor 400 Jahren gewesen, er-klärt man uns. Die Geröllwüste ist bis heute nicht bewachsen.

10:40 Wir überschreiten die Grenze zu Tansania. Der Weg geht durch Massaigebiet. Gelegentlich se-hen wir ihre typischen Dörfer in der Ferne; ganz selten sehen wir Menschen.

Es staubt !!!! vor und hinter uns. Mein hellblau-es Jeanshemd hat wieder einmal eine satte brau-ne Farbe angenommen.

Savanne, Savanne, Savanne – gelegentlich säu-men Ziegen- und Rinderherden von jeweils so an die 30 bis 50 Tiere die Straße.

11:15 *Neuerlich kommen wir an die Staatsgrenze. Von jetzt ab geht es wieder auf kenianischem Gebiet weiter. Am Kontrollpunkt müssen wir stoppen.*

Unsere Autos sind sofort von Verkäufern umla-gert. Man hört nur Preise, Preise, Preise.

Ich will das alles so richtig ins Bild bekommen und steige dazu verbotenerweise aus. Mit dem Blick auf das Menschengewimmel habe ich kein Auge für die neben dem Auto seitwärts stark ab-schüssige Straße, mit kleinen, sehr beweglichen, rutschfördernden Kiesbrocken übersät.

Ehe ich mich versehe, liege ich der Länge nach rücklings am Boden.

Mein Unterbewusstsein hat offenbar selbständig entschieden und situationsgerecht richtig?? reagiert: Krampfhaft halte ich die Kamera hoch, damit ihr nichts passiert.

Das wiederum ist offenbar meinem rechten Ellenbogen nicht bekommen, als er beim Fallen auf der Erde entlang gerutscht ist. Er blutet aus mehreren Schürfwunden. „Na prima", denke ich, „und das in diesem Staub und Dreck".

Menschen wuseln um mich herum und helfen mir auf die Beine. Jemand reicht mir zum Abwaschen des Ellenbogens eine Flasche mit frischem Wasser. Dankbar bezahle ich das kühle Nass und lege einen Zusatzbonus von 5,- € dazu.

11:20 *Jeff hupt. Es geht weiter. Immer noch sind wir auf staubiger Piste. Selten stehen Kinder am Straßenrand; manche winken, manche halten die Hand für Bakschisch auf, was bei unserer rasanten Fahrt absolut sinnlos ist.*

Links vor uns, nur wenige Kilometer von der Straße entfernt, beginnt bereits die Kilimanjaro-Region.

Man soll hier eine gute Sicht auf den Berg haben. Heute ist leider nichts dergleichen, nicht einmal schemenhaft, im Wolkendunst auszumachen.

11:35 *Endlich wieder Asphaltstraße unter unseren Rädern, kein Staub mehr.*

12:55 *Ankunft in der Amboseli Sentrim Lodge. Bis 14:25 Uhr Lunch, danach Siesta.*

3.5.3. Amboseli

16:04   *Start in Richtung Park.*

16:05   *Jeff hat sein Fernglas vergessen; also zurück.*

16:09   *Start erneut.*

16:25   Am Parkeingang angekommen.

Eintrittsgebühren:

Non Resident: 60,- $/24 Std.   →
(Wir können also morgen früh kostenlos wieder in den Park einfahren und müssen ihn 16:24 Uhr verlassen haben, wenn wir nicht neu bezahlen wollen.)

Resident[10]:   40,- $/24 Std.
Auto: 20,- $/24/Std.

16:50   Wir sehen die ersten Tiere.

Bis jetzt war hier im Amboseli Landschaft pur angesagt – links Bäume und Büsche, schlecht einsehbar, rechts endlos erscheinende Graslandschaft, ganz selten ein Baum eingestreut.

Der von hier bei klarem Wetter linkerhand gut sichtbare Kilimanjaro ist hinter einem dichten Wolkenschleier verborgen. Bedauernd lege ich die Kamera zur Seite und vertröste mich in Gedanken auf morgen.

Dann endlich die ersten Tiere, 18 Elefanten in ca. 1 km Entfernung, die langsam in unsere Richtung zotteln. Etwa 200 m voraus, läuft eine

---

[10] Resident: Ausländer,   Non Resident: Einheimische

einzeln gehende Elefantenkuh mit zwei Kälbern an ihrer Seite.

Jeff informiert mich: „Im Unterschied zum Tsavo Ost NP leben im Amboseli NP lediglich 800 Elefanten. Da der Park jedoch mit einer Gesamtfläche von nur 390 Quadratkilometern wesentlich kleiner ist als Tsavo Ost, laufen einem halt auch hier viele Elefanten über den Weg."

Mir sind Elefanten bereits vertraut → wir unterbrechen auch hier unsere Fahrt nicht um zu warten, bis die Kolosse heran sind.

17:00   An einem Wasserloch tummeln sich sieben weitere Elefanten.

17.15   In 400 m Entfernung äsen acht Thomson Gazellen und weit entfernt noch weitere Gehörnte, die ich trotz Kamerazoom nicht klassifizieren kann.

Seitwärts von dieser Herde sind 26 Elefanten um ein Wasserloch gruppiert. Fünf Jeeps vollgestopft mit eifrig fotografierender Touristen, runden vor und hinter der Tiergruppe das Bild ab.

17:18   Drei (lebensmüde??) Thomson Gazellen sprinten kurz vor unserem Kühler über die Piste.

17:20   Und immer wieder diverse Antilopen/Gazellen, einzeln oder in Gruppen, mehr oder weniger dicht am Wegesrand.

17:24   Linkerhand, 300 m entfernt, zuckelt eine Hyäne durch das Gelände.

Rechts vor uns ein ausgedehntes Palmendickicht. Irgendwie passt das nicht in diese unendlich weit erscheinende Landschaft – Bäume, Büsche, Sträucher, hohes Gras, das Areal sieht undurchdringlich aus. Ist es aber offenbar nicht, denn wir erleben, wie sich zwei Elefanten den Weg durch das Dickicht brechen. Laut kracht das splitternde Geäst zu uns herüber.

Kaum sind sie heraus, stoppen sie an einem ca. 20 Quadratmeter großem Sandloch und „baden", indem sie sich, jeder für sich, mittel Rüssel über und über einstauben. Hoch fliegt der Staub, immer und immer wieder; ein Elefant trompetet, dass ich mir fast die Ohren zuhalten muss.

Ich kann mich des Eindrucks nicht erwehren: Hier genießen Zwei ihr Dasein.

17:40   Am Amboseli Lake angekommen. Leicht sumpfiger Uferrand. Größe des Sees nicht überschaubar, keine Tiere zu erblicken – doch da: eine einzelne Gazelle und etwas weiter hinten eine Gruppe von etwa 25 Gänsen.

17:44   Weitere einzelne Wasservögel kommen ins Bild. Tagebuchnotiz: „Kaum der Rede wert, der Gülper See gibt wesentlich mehr her".

Dann: „War das soeben ein Silberreiher", konstatiere ich aus dem Blickwinkel heraus und vergleiche erneut mit Gülpe, mit zu Hause, wo man im Herbst nicht nur einzelne Vögel sondern größere Gruppen dieser recht seltenen Vogelart beobachten kann. O.k., wer den Gülper See nicht vor seiner Haustür hat – für den macht das hier zu Erblickende schon etwas her.

17:53   Aus der Weite der Steppe rennt eine Hyäne im Raketentempo direkt auf uns zu. Bevor sie mit uns zusammenstößt biegt sie ab und saust vor uns auf dem Weg in unserer Fahrtrichtung schneller davon als wir Tempo halten.

Da!!, keine 10 Meter entfernt seitwärts am Wege zwei herrlich anzuschauende Kronenkraniche.

17:58   Wir fahren um den See herum. Unser Ziel ist ein Hügel, der etwa auf halber Höhe der langgestreckten Wasserfläche liegt. Am Fuße des Hügels parken wir. Es stehen bereits mehrere andere Autos hier, doch Platz ist genug für uns.

Ich gehe zügig den Hang hinauf, denn unsere Zeit wird knapp. „Du hast 10 Minuten", lautete die mir von Jeff gegebene Orientierung.

Oben auf dem Hügel finde ich mehrere gedeckte Tische vor. Eine Party ist vorbereitet.

22 Personen stehen am Rande des Hügels, alles Schwarze, alle gut gekleidet - weshalb, erfahre ich nicht. Just in the moment schauen sie von höherer Warte aus in die Runde.

Originalton Jeff bei Herfahrt: „Auf diese Anhöhe steigen Leute, oft sogar extra dafür aus Nairobi kommend, um den Sonnenuntergang bei Wein, Sekt und einem guten Essen zu genießen."

Ich halte die Kamera in die Runde und in den beginnenden Sonnenuntergang hinein.

Dann aber, „haste was kannste" den Berg hinab. Die mir vorgegebenen 10 Minuten sind weit überzogen. Jetzt haben wir ein Problem.

„Wenn wir keinen Ärger bekommen wollen, müssen wir um 19:00 Uhr den Park verlassen haben", wirft mir Jeff über die Schulter blickend zu, ohne sich über die Art des Ärgers näher auszulassen, „der Weg bis zum Gate ist weit".

Das Auto ist bereits gestartet.

Ich mache mich auf eine schnelle Fahrt gefasst. Was dann folgt, bricht Rekorde. Fast fliegen wir über die Schotterpiste, leider nicht hoch genug, so dass ich die Schlaglöcher hautnah spüre.

18:25   Etwa 500 m vor uns schickt sich gerade eine Elefantenherde von gut 20 Tieren an, unseren Weg zu kreuzen. „Das klappt ja wie auf Bestellung", schießt es mir durch den Kopf.

Dabei sehe ich vor mir in Gedanken den Apotheker, bei dem ich vor Reiseantritt die erforderlichen Medikamente gekauft hatte. Beide waren wir ob der Medikamente zum Thema Urlaub im schwarzen Kontinent ins Gespräch gekommen.

Seine Augen leuchteten, als er von seinem, wie er meinte, wahnsinnig tollen und einmaligen Erlebnis bei seiner Safari im Amboseli NP erzählte: „Stellen Sie sich vor, da haben uns doch Elefanten den Weg versperrt. Direkt vor unserem Auto die Straße querend, haben sie uns warten lassen. Ganz prima Fotos konnte ich schießen".

Meine Kamera ist bereits verstaut. Ohne Hast greife ich zur Tasche und schmunzele innerlich bei dem Gedanken daran, wie ich dem Apotheker nach Abschluss meiner Reise die nun zu erwartende Filmsequenz präsentieren werde. „Hast Zeit", sage ich zu mir, „hast ja Zeit, nur keine überstürzte Hast".

In aller Gemütsruhe öffne ich das Schiebedach vom Auto, will aus haltendem Auto heraus die vorbeidefilierende Herde filmen.

So kann man sich irren - ich habe die Rechnung ohne Jeff gemacht!! Er nimmt kein Gas weg, sondern rast auf Teufel komm raus in die Herde hinein. Eine Elefantenkuh, der wir gefährlich nahe kommen, kann gerade noch vor uns ausweichen. Wütend schlägt sie mit dem Hinterbein nach dem Auto, aber da sind wir schon weiter. Der Schlag geht ins Leere.

Alles passiert so schnell, dass ich meine Kamera nur bruchstückweise und verwackelt auf die Herde richten kann. Resigniert muss ich mich damit abfinden. Die um sich keilende Elefantenkuh habe ich, wie ich später feststelle, jedoch anschaulich ins Bild bekommen. „Na ja, wenigstens etwas zum Vorzeigen."

18:45 Zur Rechten präsentiert sich der Kilimanjaro in der Dämmerung. Seine Umrisse sind deutlich auszumachen. „Genau das ist das Postkartenbild, das es leicht abgewandelt überall zu kaufen gibt bzw. das jeden Reiseführer, jeden Katalog bei zutreffendem Thema schmückt", so habe ich es im „Graue Zellen Archiv" gespeichert.

Zunächst ist da die weite Savanne. Im Vordergrund platziert „lächeln" Elefanten und/oder Gazellen den Betrachter der Aufnahme an. Dazwischen fallen vor allem die für Afrika typischen Akazienbäume ins Auge. Dahinter wächst majestätisch der Kilimanjaro als Koloss aus der Ebene hervor. Weiß leuchtender Schnee auf dem Gipfel rundet die farbliche Gestaltung des Bildes auf der Postkarte ideal ab.

Soweit, so gut. Heute zollt dieses Bild der Dämmerung seinen Tribut. Ich erkenne Umrisse relativ deutlich, aber, genau genommen, sehe ich, der Tageszeit geschuldet, vor allem dunkelgraue Schatten in hellgrauen Schatten.

Zu filmen hat unter diesen Bedingungen keinen Sinn mehr. Schade.

!9:00   Wir erreichen das Gate auf die Sekunde genau. Der Service winkt uns durch. Fünf Minuten später sind wir im Camp.

4.12.2010

06:00   *Wecken, 06:30 Uhr Frühstück.*

07:25   Start. Wir werden nun zum Hotel in Mombasa zurückfahren und dabei die erste Teilstrecke durch den Park nehmen.

07:44   Drei Antilopen 50 m vor uns am Wegesrand.

07:46   Ein einzelner Elefant schaut aus 100 m Entfernung zu uns kurz herüber und widmet sich gleich danach wieder seinem Frühstück.

Der Himmel ist klar, aber trotzdem kann ich auch heute den Kilimanjaro nicht in seiner Imposantheit filmen, da die Wolken über seinem Haupt bis in mittlere Höhen hinein hängen. Vor 24 Stunden hatte ich mich auf „morgen" vertröstet. Ja, na ja, sorry.

Ich muss nicht gerade glücklich aussehen, denn Jeff versucht mich zu trösten, „Das ist das Problem der meisten Touristen. Sie haben die Postkartenbilder gesehen und werden dann von der Wirklichkeit arg enttäuscht".

07:50   Wir verlassen die gestrige Route und biegen nach rechts ab in die unendlich scheinende Feuchtsavanne hinein, kein Baum weit und breit, nur Gras, Gras, Gras, teils Sumpfcharakter.

08:01   Linker Hand Vogelkolonien, weit entfernt. Auch mit dem Fernglas vermag ich sie nicht artenge-

recht zuzuordnen; ich denke Gänse auszumachen, aber sicher bin ich nicht.

09:12   350 m entfernt wieder ein Elefant allein auf weiter Fläche.

09:17   Eine einzelne Antilope, schon von fern gut erkennbar, steht und macht anscheinend auf „Tou-
ris begucken"; sie hat uns fest im Visier, bis wir
vorbei sind.

Bereits seit gut 30 Minuten hat sich die durch-
gängig grüne Graslandschaft in einen Wechsel
von in Variationen grüner Fläche und braunem
sumpfartigem Charakter gewandelt; Wasserlöcher sind eingestreut.

Zugegeben, die Landschaft gibt was her. In ein-
schlägiger Literatur zum Amboseli, z.B. im Internet, ist nachlesbar, dass man im Park auf
Gnus, Zebras, Impalas, Grant- und Thomson-Ga-
zellen, Giraffengazellen, Spießböcke und einzelne Spitzmaulnashörner treffen kann. Löwen, Geparden, Afrikanische Wildhunde, Hyänen und
zwei Schakalarten sollen hier ihre Heimat haben.

Diesbezüglich empfinde ich meinen Besuch als
leichte Enttäuschung. Meine Schlussfolgerung:
Wer in Kenia Tiere sehen will und nur Zeit für
einen einzigen Nationalpark hat, sollte sich ein
anderes Fleckchen Erde als den Amboseli NP suchen.

Natürlich, wenn man Glück hat und den Kilimanjaro „oben ohne" Wolken sonnenumflutet
deutlich in seiner Imposantheit zu sehen bekommt, – ja, dann …

09:25   Wir verlassen den Park.

Ergänzung: Ngorongoro-Krater

Der unter diesem Gliederungspunkt aufgeführte Text beschreibt meine Visite im Krater am 31.1.01. Er ist dem Buch „Vision Kilimanjaro" wortwörtlich entnommen. Im Originaltext eingefügte Fotos sind herausgeschnitten. Ich erlaube mir auf die DVD „Afrika Sequenzen" zu verweisen; sie enthält die hier fehlenden Fotos.[11]

Uhr-zeit	Ereignis
7:30	Frühstück. Ich werde individuell von unserem Koch Mohammed betreut, da gestern die beiden Südafrikaner die Lodge dem Campingplatz vorgezogen haben und auch der Guide in der Lodge geblieben ist.
8:15	Start bei bestem Sonnenschein, trotzdem ist die Luft noch ausgesprochen kühl. Ich ziehe die Weste an. Die Sonne ist aufgegangen. Wir fahren ca. acht Kilometer am Kraterrand entlang. Der Krater liegt unter uns im Nebel. Nichts ist darin zu sehen. Halt am Gate. Der Guide erledigt Formalitäten. Ich leiste mir von exponierter Stelle einen Blick auf das Wolkenmeer unter! uns.

In den Krater hinein. Alles verschwimmt schemenhaft. Es geht steil abwärts. Riesige Kakteen am Wegesrand, eingestreut in die Bäume, Sträucher, das Gras tropischer Vegetation.
Ein kleiner See kristallisiert sich aus dem Nebel heraus. Am Ufer zahllose Vögel. Immer

---

[11] Die DVD enthält, chronologisch zusammengestellt, über 100 Farbfotos und Filmsequenzen. Diese sind einzeln oder als selbstablaufende bzw. wahlweise nutzergesteuerte PowerPoint DEMO betrachtbar.

Erhältlich bei Dr. Burghard zacharias, Pareyer Str. 3, 14715 Havelaue OT Gülpe, E-Mail: pc_point@t-online.de, kostenfrei (!! nicht im Buchhandel bestellbar).

Siehe weitere einschlägige Angebote auf www.burghard-zacharias.de .

noch kein klarer Blick in die Tiefe möglich.

Links ein Strauß, wo kommt der plötzlich her?

Halt. Eine Löwin mit vier ganz kleinen süßen Jungen, drei sind gleich groß, eines ist deutlich kleiner. Die Kleinen liegen zwei Meter von der Löwin getrennt. Sechs Autos stehen herum. Die Löwen lassen sich davon nicht stören.

Auf einem der Jeeps macht wohl jemand zuviel Krach. Die Löwin geht zehn Meter zur Seite und legt sich erneut nieder. Die Kleinen tappeln zu ihr und beginnen zu säugen.

Wir fahren weiter. Rechts drei Büffel. Gazellen links und rechts. Nochmals zwei Strauße. Ein sauber abgenagtes Büffelskelett seitwärts auf der Wiese.

Ursprünglicher roter Weg hat zu schwarz gewechselt.

Der Nebel steigt. Jetzt sieht man sattes, saftiges grünes Gras. Hin und wieder ein Busch. Ein kleiner Wassergraben. Einzelne Pfützen auf dem Weg. Kleine und große Vögel im Gras und in der Luft, unscheinbare und recht bunte. Zwei Enten im Gras. Schwalben. Plötzlich ein ganzer Schwarm um uns herum. Viele Fliegen im Auto.

Fahren auf eine Anhöhe, ca. 30 m hoch. Sicher normalerweise ein schöner Rundblick, heute, jetzt, immer noch zu viel Nebel. Tief hängen die Wolken.
Das Auto stoppt. Zwei balzende Kronenkraniche. Macht was her, ihr Hopsen und Flügel-

Uhr- zeit	Ereignis
	schlagen, sind schließlich gut einen Meter groß.
9:45	Der Weg verästelt sich durch das Grasland, gelegentlich Modderlöcher. Wir müssen ihnen ausweichen. Zwei Schakale tauchen plötzlich auf und sind ebenso plötzlich wieder verschwunden.
9:55	Die Sonne kommt raus. Erste Kraterränder erkennbar.
	Vor uns ein großer See mit zehntausenden eingestreuten weißen Punkten. Am Ufer eine Büffelherde, 26 Tiere. Je näher wir kommen, desto mehr mausern sich die weißen Punkte zu pink, weiß und rosa: Flamingos, teils glitzernd in der Sonne, teils in waberndem Wolkenbrei.
	Eine weitere Büffelherde, 109 Tiere.
10:05	Wieder Gazellen. Ein Strauß in der Ferne. Kolonie von, grob überschlagen, 150 Störchen, im Gras nach Futter suchend. Eine Antilope.
10:10	Die Kraterränder kommen immer deutlicher aus dem Dunst heraus. Wir halten am Seeufer und sehen Flamingos, Flamingos, Flamingos, Gänse, Enten, Lemikolen, Möwen. Ein Geräusch wie bei mir zu Hause am Gülper See zur Zeit des Vogelzuges. „O. k.", denke ich, „die Flamingos fehlen in Gülpe."
	Ca. 150 m entfernt im Wasser ein Hippo, ab Bauch aus dem Wasser. 50 m weiter vier weitere Hippos bis zur Nase im Wasser.

Uhr-zeit	Ereignis
10:15	Das einzelne Flusspferd hat sich zu den übrigen zurückgezogen und auch von ihm ist nur noch die Nase sichtbar.
10:30	Wir stehen immer noch am See und lassen die einmalig schöne Tierwelt im lichtumflorten Dunst, in bewegten Bilden, in allen Farben des Spektrums schillernd, auf uns wirken.

Die Luft flimmert auf einem Hintergrund, der von einem verwaschenen Hell- bis in ein kräftiges Dunkelblau wechselt. Dazwischen die wie farbige Diademe im Sonnenlicht glitzernden Flamingos. Der Kraterrand trennt See und Himmel. Die Wolken hängen mittlerweile halbhoch am Kraterrand; einige ballen sich in Kumulusform bereits über dem Kraterrand am Firmament.

Meine Filmrolle hat nur noch wenige Meter. Ich muss mit ihr Fotos schießen, um wenigstens einiges an Bildmaterial mit nach Hause nehmen zu können. Ärgerlich, dass ich gestern in der Lodge nicht wenigstens noch eine „Einwegkamera" gekauft habe.

| 10:35 | Wir fahren durch einen vier Meter breiten Graben, der in den See fließt. Gazellen um uns herum. Rechts vor uns eine Herde von ca. 60 Büffeln. Da, etwas abseits, aufrecht liegend !!, das fast komplette Skelett eines Büffels. |
| 10:40 | Weit und breit kein Baum oder Busch. Vor uns eine Gruppe von sieben Löwinnen, schlafend im Sand; ein weiterer Löwe 30 m davon entfernt. Alle sehen entsprechend staubig aus. Wir halten an. |

Uhr- zeit	Ereignis
	Ein weiteres Auto hält. Die Löwen werden aufmerksam.
10:50	Eine Löwin entfernt sich von der Gruppe und steuert auf uns zu, geht hinter dem Fahrzeug herum und legt sich in den Schatten des Autos.

Unser Fahrer lässt den Motor an. Die Löwin steht auf und spaziert gemächlich wieder zur Gruppe. Wir schalten den Motor wieder aus.

Bald steht ein anderer Löwe auf und legt sich in den Schatten des hinter uns stehenden Autos. Die Löwin, die bei uns war, folgt ihm eine Minute später und legt sich neben die erste.

Das Auto hinter uns fährt weiter.

Die Löwin, die zuerst bei uns war, schlendert jetzt auf uns zu. Rechts neben dem Fahrer setzt sie sich und schaut aus einer Entfernung von 50 cm durch die offene Seitenscheibe zu uns ins Auto, so, als wolle sie fragen, ob wir denn wieder Spaß mit ihr machen möchten - den Motor anlassen und doch nicht wegfahren.

Unser Fahrer dreht sicherheitshalber ganz schnell die Seitenscheibe hoch. Die Löwin hat sich entschieden. Sie legt sich rechts neben das Vorderrad.

Das Foto einer ähnlichen Situation in der Serengeti war mir im Album meines Sohnes Birk aufgefallen. Ich hatte ihm um dieses Erlebnis beneidet.

Jetzt weiß ich, dass das hier eine täglich sich wiederholende, ganz normale Reaktion der Tie-

Uhr- zeit	Ereignis

re in der hitzeüberfluteten Savanne ist.

11:20 Wir starten. Es wird heiß im Auto. Ich ziehe die Weste aus.

Zurück wieder über den Bach am See. Hier steht ein einsamer Fischreiher, wie ich ihn aus dem Westhavelland kenne

Eine fast unüberschaubare Büffelherde kommt uns entgegen und zieht links an uns vorbei. Ich schätze mehr als 200 Tiere. Die auf der linken Seite der Herde laufenden Tiere gehen im Bach entlang und machen nach und nach anderen Platz. Als wir näher kommen, sehen wir, dass mit dem Privileg, im Bach laufen zu dürfen, „ein Saufgelage" verbunden ist.

Zwischen den Büffeln herum fliegen die weißen Kuhreiher. Viele sitzen auch im Gras, manche sitzen auf Büffeln und befreien frühstückend die Büffelhaut von Parasiten.

11:40 Wieder Büffelknochen, diesmal verstreut. Direkt am Seeufer, auf einer zwei Meter in das Wasser ragenden Landzunge liegt eine Hyäne, hebt kurz den Kopf und schaut nach uns. Wir sind keine Gefahr für sie, und so lässt sie den Kopf beruhigt wieder sinken.

11:45 Wir fahren quer durch den Krater. Näher und weiter entfernt immer wieder Gazellen in Gruppen von zwei bis über 100 Tieren.

11:50 Ein Wasserloch, garniert mit vier männlichen Löwen - stattliche Mähnen! Kurz nehmen sie den Kopf leicht hoch, um nach uns zu schauen. Dann dösen sie weiter im gleißenden Sonnenlicht. Manchmal legt sich einer kurzzeitig auf den Rücken, die Beine angewinkelt, den Kopf zur Seite, ganz wie unsere Katze zu Hause.

Schwärme von Fliegen um sie herum.

Wir fahren etwas dichter heran. Jetzt sehe ich, dass zwei Tiere verletzt zu sein scheinen. In ihrem Fell kann ich einmal eine und einmal zwei Stellen entdecken, ca. 10-15 cm im Durchmesser, die schwarz von Fliegen sind. Die Löwen liegen so, dass ihr jeweiliger Nachbar die wunden Stellen ablecken kann, was er gelegentlich tut.

Ich frage unseren Guide, ob er so etwas schon einmal gesehen hat. Er verneint. Den Guide kann man vergessen. Erklärungen gibt er nur ab, wenn man ihn fragt. Er fährt das Auto. Das hat er im Griff.

12:05   Eine Gruppe Warzenschweine mit vielen Frischlingen. Die Anzahl der Jungtiere lässt sich nicht ausmachen - das Gras ist zu hoch.

12:06   Ca. 50 m rechts neben uns zwei Geparden. Schade, niemand mäht das Gras. So sind nur die Köpfe erkennbar.

Fliegen über Fliegen in unserem Auto. Es wird unangenehm. Einige Tsetsefliegen sind dabei. Vorhin, beim Filmen hat mich ein Insekt gestochen. Ich will hoffen dass es keine infizierte Tsetsefliege war.

Wenn ich in die Runde schaue, kann ich 18 Autos erkennen, die gleich uns im Krater unterwegs sind. Gelegentlich, wenn sie sich begeg-

Uhr-zeit	Ereignis
	nen, tauschen die Fahrer Informationen über aktuelle Standplätze von Tieren aus.

Endlich, seitwärts von uns in 300 m Entfernung, zwei Spitzmaulnashörner. Wir mussten lange suchen, sie zu finden. Näher kommen wir nicht heran.

12:16 Immerhin, mit dem Fernglas sind sie gut auszumachen und, stark gezoomt, auf den Film zu bannen, wenn auch recht verwaschen.

12:24 Wieder Warzenschweine – und da nochmals.

12:30 Wir fahren auf den Kraterrand zu. Ein drei Meter breiter, stark strömender Bach ist kein Hindernis für unseren Land Rover.

Ein Herde Zebras steht uns im Weg, rechts 19 Tiere, links mehrere Tausend. Zwischen den Zebras immer wieder kleinere Gruppen von Büffeln.

12:40 Picknick. Wir und weitere 23 Autos stehen am Rande eines größeren Wasserloches. Darin sind Hippos. Nur der Kopf ragt heraus.

Am Ufer steht ein Baum mit weit ausladenden Ästen. Auf dem Baum sitzen Greifvögel. Der Guide meint es sind Adler, 24 Tiere zähle ich.

Es ist untersagt, auszusteigen. Eine dreiköpfige Familie, im Auto neben uns, ignoriert das Verbot. Mit belegtem Brot in der Hand hat sie sich malerisch zum Picknick im Gras niedergelassen, schaut auf die Hippos und nicht in die Luft.
Das ist ein Fehler. Plötzlich sind die Adler im

Uhr- zeit	Ereignis
	Sturzflug heran und haben der Frau das Früh- stück aus der Hand gerissen. Andere sausen millimeternah über die Köpfe hinweg. Ich höre das Rauschen ihrer Schwingen bis in unser ge- schlossenes Auto.
	So schnell wie diese Familie sah ich noch nie- mand in ein Auto steigen.
13:20	Ein Gewitter ist aufgezogen. Es fängt an zu regnen. Die Hippos haben sich nicht in voller Größe gezeigt. Wir fahren weiter.
13:40	Hier soll ein Leopard sein. Im hohen Gras sieht ihn niemand. Ein Schakal ist mit dem Fernglas in gut 300 m Entfernung auszumachen.
13:41	Zwei Vögel in Taubengröße sitzen vor uns auf dem Weg. Erst als wir ganz nah heran sind, fliegen sie im letzten Moment vor dem Über- fahrenwerden auf, um sich 15 m vor uns erneut niederzulassen. Das wiederholen sie sechsmal.
13:50	Keine Tiere in den letzten neun Minuten. Jetzt ein Rudel Warzenschweine. Nochmals zwei Kronenkraniche, diesmal nicht im Balztanz.
13:53	Ein tiefer Tümpel, ca. 200 m lang, 30 bis 50 m breit in einer Senke. Darin Hippos. Alle schnie- fen, schnauben, tauchen und kommen bald wie- der hoch, reißen die Rachen gewaltig auf, vor allem das eine, das größte. Sie kommen bis zum Bauch aus dem Wasser, weiter leider nicht.
14:07	Wir fahren die relativ einsame Strecke zurück.

Uhr-zeit	Ereignis
14:16	Sind nochmals am See in der Mitte des Kraters. Es hat sich bezüglich Tierwelt nichts geändert, ausgenommen die Farben leuchten anders, dunkler, denn noch immer stehen die Gewitterwolken am Himmel.
14:40	Weiter in Richtung Kraterrand, dorthin, wo Bäume stehen. Ein kleiner Wald.
	13 Strauße unterwegs, Elefantenlosung auf dem Weg.
14:50	Die ersten Elefanten, links von uns auf einer Wiese vor dem Wald, sieben an der Zahl in einer Entfernung von etwa 100 m, zwei weitere etwas weiter hinten. Fast wie im Tierpark. Wir halten an und filmen. Der Elefantenbulle tut uns den Gefallen und baut sich mit erhobenen Rüssel und ausgebreiteten Ohren mächtig auf. Wir fahren weiter.
15:05	Die Strecke führt durch den Wald.
	In einer Entfernung von 150 m zwei einzelne Elefanten. Sie brechen sich mit dem Rüssel Äste von den Bäumen.
	Pinkelpause.
15.30	Mit 4x4 sind wir wieder problemlos oben am Kraterrand angekommen.
	Auf halber Strecke hatten wir nochmals kurz gehalten; ich habe den „Kraterblick" gefilmt und in Gedanken Abschied genommen.

Minutentakt (Beispiele grafisch)

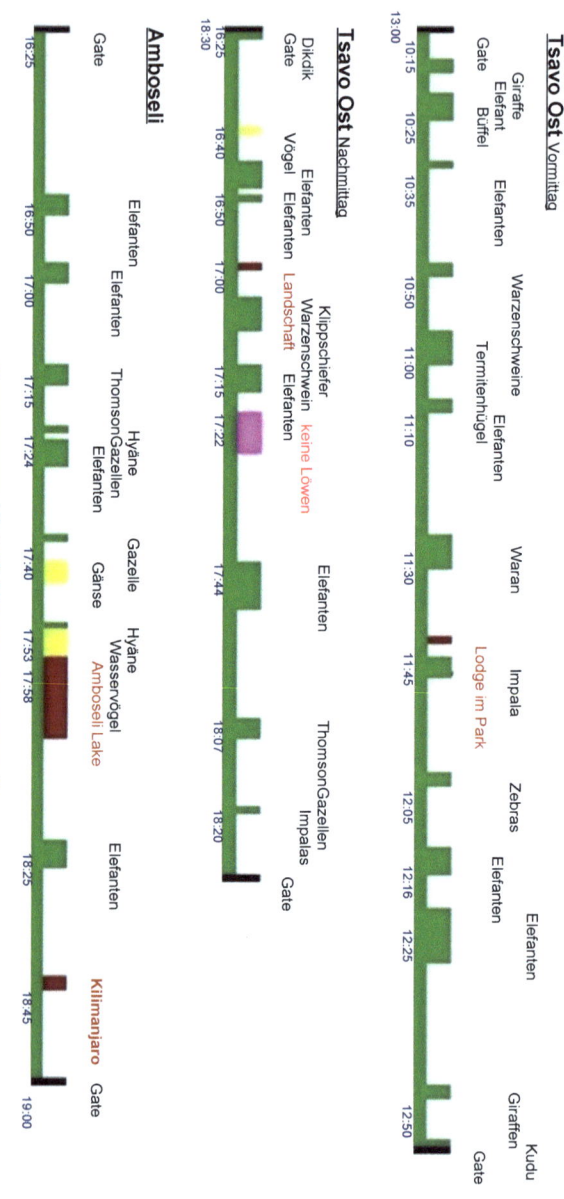

Tsavo Ost Vormittag

Gate | Giraffe Elefant Büffel | Elefanten | Warzenschweine | Elefanten Termitenhügel | Waran | Impala | Zebras | Elefanten | Kudu Giraffen | Gate

13:00 · 10:15 · 10:25 · 10:35 · 10:50 · 11:00 · 11:10 · 11:30 · 11:45 · 12:05 · 12:16 · 12:25 · 12:50

Lodge im Park

Tsavo Ost Nachmittag

Dikdik | Vögel Elefanten | Elefanten | Klippschiefer Warzenschwein Elefanten | keine Löwen Landschaft | Elefanten | ThomsonGazellen Impalas | Gate
Gate

16:25 · 16:40 · 16:50 · 17:00 · 17:15 · 17:22 · 17:44 · 18:07 · 18:20
18:30

Amboseli

Gate | Elefanten Elefanten | Hyäne ThomsonGazellen Elefanten | Gazelle Gänse | Hyäne Wasservögel Amboseli Lake | Elefanten | Kilimanjaro Gate

16:25 · 16:50 · 17:00 · 17:15 · 17:24 · 17:40 · 17:53 17:58 · 18:25 · 18:45 · 19:00

< ----------- Uhrzeit / Dauer ----------- >

44

Meine Unterkünfte[12]

1. Impala Safari Lodge

Lage und Service
Außerhalb Tsavo Ost NP am Stadtrand von Voi Town, ca. 5 km bis zum Eingangstor des NP, besiedeltes Gelände mit Gartencharakter, kein Ausblick, isolierte ruhige Lage. Aufmerksames, williges Personal.

Größe/Ausstattung
6 Zelt-Bungalows: Seitenwand und Dach Zeltplane, innen gefliester Fußboden. Wohnbereich, Sanitärtrakt mit Dusche und WC, Küchenecke - alles durch Seitenwände voneinander getrennt, Matratze recht hart, Moskitonetz vorhanden. Haupthaus massiv eingeschossig, Restaurant teils im Haupthaus, teils zeltüberdachter Außenbereich direkt am Haupthaus. Sauberer Pool (5*9 m) mit Liegewiese in kleinem Innenhof, Poolbar.

Essen
Getränke übliche Auswahl, Wahlessen, Frühstücksgedeck; schmackhaft.

Unterhaltung
Selbst zu arrangieren.

Empfehlung
Für Urlauber mit nicht zu üppigem Budget und keinen Luxusansprüchen. Ich war nicht enttäuscht, aber eben auch keine Highlights.

Fußnote: Ich war dort der einzige Gast, von drei junge Frauen abgesehen, die an der Poolbar saßen und spät am Abend verschwunden sind (Prostituierte?). Bewertungen im Internet sprechen ebenfalls von wenig Gästen. → möglicherweise nicht stark frequentiert und dementsprechend zumindest in besucherstarken Saisonzeiten als wahrscheinlich noch buchbare Ausweichvariante vorzumerken.

---

[12] Diverse Fotos hierzu siehe DVD „Ostafrika-Sequenzen".

2. Rhino Valley Lodge

Direkt im Tsavo West NP, Hanglage, herrlich weiter Blick „von höherer Warte" aus in den Park und auf das Wasserloch am Fuß des Hanges. Personal sehr aufmerksam und leistungsfähig.

Weg von den Bandas zum Haupthaus und umgekehrt ist wegen der Gefahr, einem Raubtier zu begegnen, nur in Begleitung eines Rangers gestattet.

Größe/Ausstattung
16 Bandas: massive Seitenwand, Reed-Dach, geräumig, rustikaler Wohn-/Schlafbereich, Terrasse, Sanitärtrakt. Dusche, WC, alles picobello. Matratze o.k., Moskitonetz. Haupthaus massiv mit Restaurant, überdachter Außenbereich – von dort aus ungehinderte Einsicht in die Savanne. Am Wasserloch häufig Tiere zu beobachten.

Essen
Buffetcharackter, abwechslungsreich und schmackhaft, an Getränken die übliche Auswahl.

Unterhaltung
Vorträge.

Empfehlung
Ja, sehr, für Urlauber mit „normalem" Budget, hohen Ansprüchen.

3. Amboseli Sentrim Lodge

Lage und Service
In Amboseli Area, 10 Min. Autofahrt zum eingezäunten NP. Großes Camp-Gelände, Gartencharakter, Ausblick auf Kilimanjaro, ansonsten der Blick in die Runde durch afrikanischen Busch eingegrenzt. Eine Aussichtsplattform im Zentrum der Lodge gestattet jedoch anspruchsgerechten Rundumblick.

Ruhige Lage. Aufmerksames, leistungsfähiges Personal.

Wasserloch, aber da dieses außerhalb des NP, kein Groß-
wild daran zu beobachten.

Größe/Ausstattung
Zelt-Bungalows: Seitenwand und Dach Zeltplane, darü-
ber auf gesonderte Stützen stehendes freies festes Dach
(gut für Temperaturausgleich); innen gefliester Fußboden. Großer Wohn-/Schlafbereich, gesonderter Platz zum
Schreiben, Sanitärtrakt mit Luxusdusche („normale" Dusche und zusätzlich seitlich angebrachte Massagedusche
mit variabel einstellbaren Duschköpfen), komplett gefliester WC-Bereich - alles durch Seitenwände massiv
voneinander abgetrennt. Matratze o.k., kein Moskitonetz[13].

Haupthaus massiv, Seitenwände des Restaurants weitgehend offen, Reed-Dach. Shop im Haupthaus.

Sauberer großer Pool im Freigelände. Bänke an seinem
Rande laden zum Verweilen ein.

Essen
Buffetcharakter, ausgesprochen schmackhaft. An Getränken die übliche Auswahl.

Unterhaltung
Lagerfeuer am Abend und manches mehr.

Empfehlung
Ja, Urlauber mit „normalem" Budget und durchschnittli-
chen bis gehobenen Ansprüchen.

Fußnote: Von Deutschen geführt. Habe Besitzer kennen gelernt → ggf.
Sonderkonditionen aushandelbar.

---

[13] Chef meinte auf Rückfrage: „Malaria übertragende Moskitos schwirren hier nicht herum. Beabsichtige trotzdem, in nächster Zeit für die
ganz vorsichtigen und ängstlichen Besucher Moskitonetze zur Ausleihe
anzuschaffen".

Notizen des Lesers